JN437784

은빛 화답

은빛 화답

박연옥 시조집

Sijo Poems by Park Yeon Ok

■ 시인의 말

또 한 번
생각을 접어
책갈피에
끼어 넣는다

영원히
완성되지 않는
詩라는 존재,

다시 맞는 가을
나뭇잎이
창밖으로 떨어진다
우주도
詩를 쓰나 보다

2016년 10월
박연옥

차례 박연옥 시조집

01

02

03

04

05

1

버들 편지·1

조막만 한
둥지 하나

반쯤 열린
연둣빛

할미새
한 쌍이

번갈아
알을 품다

포로롱
날아간 자리

봄이 살짝
앉는다

버들 편지·2

개울가

버들가지

멀미를

시작하면

새털처럼

뽀송한

바람 실은

은빛 화답

말랑한

햇살에 비친

볼 붉은

저 수줍음,

버들 편지·3

우수 경칩

춘분 지나

자욱한

저 연둣빛

수면 살짝

닿을 듯

볼 붉은

저 가시내

고무신

보일 듯 말 듯

스란치마

끄는 소리

동박새

고요가 깊이 갇힌 갓 맑은 첫새벽을

목마른 물 한 바가지 조용히 길어 와서

발등에 가만히 붓는 연둣빛 시간이여

혀 짧은 새 한 마리 발그란히 봄을 읽는

꽃 속에 바람 속에 네가 와서 앉는다

오늘은 매화 피는 날 번져가는 새 소식

봄을 낚다

팽팽히 잡아당긴 구름 잠긴 수면 한 장

수초 속 새끼붕어 고개를 쏙 내밀자.

때맞춰 노랑어리연 꽃망울을 살짝 열고

점박이 모래무지 갈색빛깔 그 무게

바위 끝에 앉았나 잽싸게 낚아채던

끌려온 봄 물살들이 눈부시게 파닥인다

홍매

어디 가면
널 만날까
눈물이듯
붉은 뜻은

하늘빛도
파란 그곳
봄이 활짝
펴졌다

겨우내

견딘 그리움

와락 달려

안길 듯,

찔레꽃 어머니

고요가 팽팽한 오후의 두세 시쯤
황톳길 고개 넘어 시냇가 언덕으로
하얗게 달려온 봄이
여기서 꽃이 되네

찔레꽃 피는 날엔 목마른 뻐꾹 울음
어머니! 부르면 찔레꽃 파란 냄새
열세 살 아득한 봄날
낮달 따라 걷던 길

새 가족 열전列傳

옷 벗은 햇살들이 뛰놀던 마을 골목
모두들 떠나가고 버려진 그늘들만
그래도 빈집 뒤란엔
가족 같은 모란꽃.

명아주, 박주가리, 고들빼기, 타래란
빗물 고인 돌절구에 소복한 개구리 알
지난 봄 이사 온 가족
외롭지만 않았다

생강 꽃

고사리

손을 펴면

별빛이

쏟아진다

만지면

팽 돌아설 듯

톡 쏘는

너의 향기

봄밤도

노랗게 취해

달빛 강을

건너가네

춘분

겨울을 전송하고

뒤돌아 본 그 자리

우람하게 다가온

성장한 너의 어깨

그늘 속

내 그림자도

그럴 거야

분홍빛,

2

판잣집 거울

가파른 돌계단이 길어서 휘어지고

귀퉁이 4층 건물 판자 위의 수선 집

닳아서 뭉툭해진 손, 바람끼지 쿨럭댄다

비켜가는 겨울 볕이 그늘진 고독 같다

뾰족한 구두 한 짝 쉬기로 놓고 가면

넋 놓고 마주한 회벽 새순 논는 담쟁이

꿈꾸다

평행선이 흘러내린 분기점 한참 지나
이발관 낡은 간판 눈에 익은 이정표
허공엔 빛바랜 낮달 기우뚱 떠 있고

때로는 고요들도 핼쑥한 날이었다
아이들 떠나가고 마당엔 발자국만
저 앞산 뻐꾸기소리 긴 추억을 동여맨다

한때의 기다림도 한때의 그리움도
봄날의 이팝나무 거품 같은 꽃무더기
녹이 슨 이야기들이 시간 속에 누워있다

4월과 5월 사이

- 공곶이

바다와 맞닿은 깊고도 외진 산길

말할 듯 말할 듯이 숨기는 저것 보아

감춰온 그리움 안고 혼자 피는 수선화

밤낮없이 맨손으로 일구었던 척박한 땅

더불어 향기들이 쉼 없이 드나든다

늦은 봄 굽은 등 따라 는개비가 내리고

산이며 바다는 물들 듯 파스텔블루

일렁이는 파도와 새파란 파래냄새

샛바람 그곳 바다에 봄이 반쯤 가고 있다

아침 산책

새털구름 은빛 하늘

참 가벼운 아침 길

풍선처럼 떠가고픈

왠지 자꾸 설레는 맘

디디는

발자국마다

햇빛들이 부서진다.

어떤 날

겹쳐 푸른 나뭇잎

사이사이 볼록 내민

솜털 하얀 어린 햇살

심장소리 들린다

먼 산도

가까이 와서

등을 대고

서는 아침

다홍빛 서정

페인트칠 벗겨진 간판 걸린 이발소

삯바느질 푼돈 받아 장만한 함석집

아직도 뉴스 속에는 자막처럼 살아있다

하나둘 아이들은 도회지로 떠나가고

사진 속 빙그레 웃던 시간마저 희미하다

돋보기 건너편으로 다가오는 낯선 여자

목련 날다

- 철거지역

흰 새떼 날아와 가지가 휘는 하늘

떠난 이들 남기고 간 백지위의 소식처럼

기지에 매달린 저것 눈치럼 소담해라

철거작업 시작하자 봄날이 몸져눕다

주름진 손자국이 시멘트벽에 선명한데

검게 탄 기억은 벌써, 길 위에 나뒹굴고

뿌옇게 부서지던 가냘픈 목숨들이

날개를 접고 앉은 마지막 눈물 같은

멧새들 떠나간 마을 목련이 피고 있다

민달팽이

- 일자리

이른 아침 집을 떠난 끈끈한 뒷모습이
미로처럼 촘촘한 도시골목 누빈다
온몸이 눈물이 되어 또 다른 길을 내고

제 슬픔 긴 그림자 혼자서 끌고 가는
취한 듯 비틀대다 어둠 속을 벗어나면
또 다른 내일이 있다 삶이란 오랜 극장

여름밤

더러는 적막들도

끌고 가는 쇠똥구리

아슴히 금 긋고 가

별똥별이 숨은 곳

달빛도

목이 푸르른

여름밤이 있었다.

달빛 강江

둥근 각이 조금 닳은

멀고 먼 달빛 강을

누군가 배를 띄워

조심히 건너가는

골목길

저 고요 속에

목을 내민

하얀 이마

3

위대한 집

- 무당거미

부수고 다시 짓고 그렇게 살아가는

먹지도 굶지도 않는 숲속의 현자賢者 한 분

"계세요" 하고 부르면 대답하고 나올 듯

기나긴 실크로드 이슬 담뿍 내린 곳

포물선 은빛 그물 아침 이슬 찰랑찰랑

높다란 하늘을 이고 배광背光 같은 무량수전

천마총

새벽이 올 때까지

바람이 불곤 했다

파랗게 여문 별빛

흔들리는 사이로

하현달 금빛 목덜미

짤랑짤랑 울었다

청산青山 어머니

바랭이 우거진 곳 산비탈 묵정밭에
목이 붉은 산새 깃털 가볍게 흩어지고
지난 밤 노숙한 노루 마른 똥도 소복하다

골짜기 깊은 그늘 화악 번진 당귀냄새
칡덩굴이 감고 있는 먼 고향 이야기들
어디서 날아온 걸까 먹잠자리 낮은 비행飛行

달빛에 시침질한 울 어머니 모시옷
오늘은 깃털구름 저승서도 보일까
남겨둔 이야기들이 훠이훠이 가고 있다

폭설

사무친 그대 생각

추위처럼 반짝인다

쏘아올린 내 눈빛이

별빛하나 만들었다

북극성

하늘 한복판

폭설 같은

저 그리움,

요양원에서

속도감을 잃은 채 공터에 버려지는
가속으로 달려와서 무엇이 남았을까
무중력 타이어끼리 마주보는 얼굴들

노을에 기대이고 휠체어에 앉은 채
가만히 눈동자를 저렇듯 내려놓자
생이란 큰 자국 하나 조용히 지워지는

두고 간 시간

한적한 주택가 잡쓰레기 모인 곳
찢긴 비닐 흩날리자 맨몸이 드러난다
아직은 남은 오늘이 딸깍딸깍 숨을 쉬는

가족들 둘러앉아 정적만이 감돌고
그리하여 임종이 초침처럼 서성일 때
남겨둔 짧은 생애가 가볍게 와 머문다

무거운 그림자가 허물처럼 벗겨지고
삶과 죽음의 거리는 저렇게 짧은 건가
누군가 두고 간 시간 혼자서 가고 있네

마중 나온 가을

까치 울음 스치고 간
하늘도 깊은 거기

내 몫처럼 떠 있는
잘 익은 단감 반쪽

구름도 둘레 길처럼
휘어감은 작은 산

새벽 독경

혼자 걷는

돌길도

장삼처럼

푸른 새벽

골짜기 돌고 나온

이슬 묻은 독경소리

암자는

벙그는 연꽃

운무 속에

떠 있다

가을 국밥집

큰 옷 입고 그 거리 누가 오신 것일까
새 돛배 띄운 강물 하늘빛이 가라앉고
가을은 황제가 되어 능선위에 앉으셨다

여름 내 가슴 앓던 시대의 통증들이
수많은 구호들로 얼룩진 그 광장엔
뒹구는 빈 물병처럼 껍질만이 남겨졌다

모두들 둘러 앉아 국밥을 먹는 저녁
자리 비운 그 친구 아득했던 소식이
양버즘 마른 잎 위로 버석버석 오고 있다

봄날은 간다

봄 깊은 날

멀리 바라본다

엷은 안개로

발목 가린 산

아득히

청보리 밭엔

호드기소리

4

가을은

풀잎의 마른 뼈에 조용히 와서 우는

손닿을 듯 조금은 먼, 썩지 않는 향기 같은

남겨둔 생각 곁으로 붉게 물든 섬이 있다

눈길

지우고

또 지우고

깨알처럼

적은 사연

어둠 속

먼 향기가

별빛처럼

내려와서

그 눈빛

따스함 같이

겨울밤을 녹이겠네

목련

속옷같이

얇게 걸친

어두운

시간 지나

세상의

그리움은

여기, 다

모였구나

오는 봄,

적막의 둘레

혼불 되어

밝힌 꽃

어머니 등불

햇빛을 불러 모은 콩밭의 가을걷이
단내 난 불볕에서 사랑으로 영글었다
우르르 몰려나와서 머리 맞댄 사연들

그리움도 흠이 될까 햇곡 같은 마음은
알몸의 고독부터 뿌리째 묻은 가슴
단단한 언약을 모아 걸어둔 등불 하나

빈자리 골라가며 가득 채운 이 풍요
고단한 일상들도 단물 속에 감추고
조용히 눈을 감으면 노을 같은 그날들

섬

갈대밭 밀어처럼
부대끼며 흔들리며

초록빛 보리너울에
나뭇잎 배 한 척

사랑도
짐으로 실어
그 섬으로
보낼까

가을 차茶

창밖으로 쌓이는

자옥한 벌레 울음

따라 놓은 찻물에

꽃잎 한 장 띄워본다

생각도

오래 깊으면

별보다

푸른갑다

맑다

무슨 소식 올 것 같은

개인 날 맑은 풍경

나뭇잎 사이사이

연둣빛 새소리를

살며시

뜰채로 뜨자

소복이

담기는 봄

흑장미

울밖에 기다림은
해종일 검게 탄다

그리움에 멍든 마음
먹보다 더 무거워

뼈 하나 가슴에 묻고
숯불인 양 뜨겁다

가을 다례茶禮

파르라니 도는 빛이
가을에 가 닿아

때로는 외로움도
산국처럼 환한 날

잘 익은
적막을 담아
차 한 잔을
올립니다

달빛병동

요양원 2층 병실 복도 한 켠 바다에
손에 잡은 곰 인형 어린아이 떼쓰듯
모두가 낯설은 얼굴 불안감이 싸여있다

자꾸만 잊어지는 먼 기억 조각조각
샅샅이 훑고 가는 삶의 안쪽 바닥까지
유폐된 공간마저도 바람으로 날아간다

되뇌고 돌아오면 걸리는 그림자가
체념한 듯 외면하고 어둠처럼 멀어질 때
달빛에 나뭇잎 지듯 삭아가는 시간들

개발지역을 지나며

내걸린 현수막이 벌겋게 펄럭인다

누구의 존함인가 문패가 나뒹굴고

정화수 떠 놓던 뒤꼍 바람들만 길을 낸다

가난했던 그 집 하늘 수제비 같은 흰 구름

떠나 간 권속들은 어디쯤서 머물까

부르면 달려 나올 듯 눈이 맑던 아이 생각

5

11월

눈 시리게 깨끗한

하늘도 맑은 가슴

마른 뼈 부딪히는

나뭇가지 사이로

자꾸막

통! 소리 날 듯

푸르디푸른 저것,

가을 엽서

둥지 밖

갈색 울음

바람에 흔들리고

누군가가

가만히

손 내밀 듯

손 내밀 듯

가슴속

나뭇잎 한 장

빨갛게 물이 드는,

성묘

넓어 뵈던 하늘도

창을 조금 닫습니다

바람소리 벌레울음

생전의 그 목소리

이 가을

첫 향기 담아

어머니께

올립니다

마음의 쉼표

- 봉정암

지우고 또 지워도 살아나는 길인가

세월의 풍상 곁에 풍경 하나 매달고

스스로 닿을 수 없는 길을 다시 또 걷는다

가파르게 세운 벼랑 휘어진 바람 길을

오르고 또 오르며 내안의 길을 찾아

저마다 심지 돋우고 마음의 불 밝히는

무엇이 그 안에 볼모로 잡혔던가

숨겨온 생의 물집 뜨겁게 터져가고

허물을 벗어 놓으니 나비되어 날은다

더 이상 우러러 가벼울 수 없는 것들

경계를 지우고 속내를 풀어놓고

끝없이 다지고 온 길 다시 찍는 삶의 쉼표

겨울 밤

뿌리를 조여 오는 매서운 밤의 적막
재잘대던 나뭇잎들 발자국을 따라가면
가지 끝, 걸어 두었던 꿈들이 쏟아진다

넉넉한 마음은 보름달로 꽉 채우고
불빛 잃은 한숨도 웃음으로 끌고 와
머얼리 달빛 아래로 하얀 들이 떠 있다

어둠만이 길이다

첫서리 상강 무렵 별들이 소란하다

구멍 난 마른 잎들 움츠린 채 누워있고

발밑에 누가 두고 간 어둠만이 길이다

담벼락에 기대이고 볏섬처럼 쌓아올린

언제 세 든 것일까 가족 같은 벌레소리

서로가 자기 땅 없이 따스한 등 비비며

꺾이는 관절마다 부어오른 시간들이

헛헛한 웃음 뒤에 흔적처럼 희미해져

저 샛길 돌아서오는 어둠만이 길이다

마침표, 너를 묻다

가볍게 흔드는 바람이면 좋으련만
젊음이 멈추고 선 깨어진 하늘 아래
마침표, 너를 묻으며 아픔은 어떻게 하나

빛은 단절되고 멀어지는 짧은 영상
진달래 핏빛으로 타들어가는 불꽃 위에
풀어진 매듭 매듭은 이을 수가 없는지

끊어진 인연의 고리 한 움큼 눈물 되어
뻐꾸기 푸른 그늘 에우는 들판 위로
말갛게 흩어지는 사랑 번지는 저 그리움

추신追伸

밑동 굵은 나무 사이

먹물 입은 바위 하나

마른 잎에 몸 가리고

부리 묻은 곤줄박이

가을빛

고여 넘치는

그 산 번지 그립다

가을 뜨락

꽁지 하얀

새소리

동동동

떠가는,

안개로

반쯤 가린

산 아래

작은 박샘

격자 창

열린 사이로

오동잎이

지고 있다

울산을 노래하다

잔물결 은어 떼가 손님처럼 오시는 날
벚꽃 피는 태화강 대밭도 십 리 길을
그리움 손을 잡고서 맨발로 걷고 싶다

통도사 저녁종이 노을처럼 퍼지면
연꽃같이 피어나는 정자바다 파도의 꽃
아아아 울산 큰 애기 설레는 가슴이여

여기는 산업의 땅 나라의 젖줄이다
일만 년 세월 두고 점지해온 고래의 땅
암각화 숨은 비밀로 일어서는 전설의 땅

골골이 스며있는 고운 인심 맑은 향기
한번쯤 살고 싶은 고향 같은 울산아
오늘도 가슴 가득히 새아침 꿈을 꾼다

해설

여백을 품은 기억의 풍경

이경수(문학평론가 · 중앙대 국문과 교수)

1.

현대시조의 영역과 경계에 대한 논의는 여전히 치열하고 활발하게 진행되고 있다. 현대시조에서 평시조의 3장 6구라는 형식을 고수하지 않은 지는 오래되었지만 어디까지 형식적 제약을 허용할 것이며, 현대시조에 어떤 내용을 담을 것인지에 대해서는 현대시조단에서도 합의에 이르지는 못한 것으로 보인다. 종장의 첫 구 세 글자라는 음절수만 지키면 현대시조로 인정해야 한다는 생각도 꽤 통용되고 있는 것으로 알고 있다. 현대시조는 이미 읽는 시조가 되었다는 견해는 시조창이 더 이상 불리지 않는 오늘의 현실을 반영한 것이기도 하지만, 노래와 분리되어 읽히는 문자 텍스트로서의 시조는 현대시가 아닌 현대시조임을 드러내주는 표지를 태생적으로 요구하는 것 또한 사실이다. 시인이 현대시가 아닌 현대시조로 장르 인식을 하고 창작하고 발표했다는 것이

장르를 판별하는 하나의 기준이 될 수도 있겠지만 정형률을 고수하지 않으며 자유로워진 현대시조의 경우 형식상의 특징만으로는 전통적인 서정시와 엄밀히 구별되지 않는 경우도 있어서 여전히 논란의 소지를 안고 있다. 현대시조에 담기는 내용 또한 경계 없이 자유로워져서 현대시조를 둘러싼 논란은 쉽게 정리될 수 있을 것 같지는 않다.

박연옥의 시조는 그런 점에서 상대적으로 현대시조의 영역과 경계라는 질문에 나름의 답을 찾아가고 있는 것으로 보인다. 시에서 형식과 내용은 사실상 불가분의 관계이므로 현대시조라는 형식이 그 안에 담기는 내용 또한 어느 정도 경계 지운다고 할 수 있다. 박연옥의 시조는 현대시조가 허용할 수 있는 범위 안에서 현대시조로서의 형식적 제약을 지키면서도 몇 가지 새로운 형식을 고안하고 있는 것으로 보인다. 내용의 측면에서도 파격보다는 자연과의 유비라든가 지나간 세계에 대한 그리움, 에밀 슈타이거가 서정시의 원리로 일찍이 주목한 회감의 원리를 잘 그려내고 있다. 최근의 현대시가 새로움을 추구하며 실험과 파격이라는 방향으로 나아가고 있음을 감안할 때 전통 서정시의 미학을 충실히 계승하고 있는 역할은 오히려 박연옥을 비롯한 오늘의 현대시조가 떠맡고 있다고 말해도 과언이 아닐 것이다. 현대시와는 또 다른 영역으로 '지금, 여기'에서도 창작계층이나 독자층을 가지고 있는 현대시조가 나아갈 자리를 박연옥의 시조는 시사해준다.

2.

박연옥의 시조에서 두드러진 것은 자연과의 유비이다. 박연옥의 시조는 자연에서 무언가를 발견하고 깨달음을 얻고 자연에서 삶의 국면을 읽어나가는 서정시의 전통을 충실히 따르고 있다. 자연과의 유비가 대체로 지시하는 것은 인간세계에서 발견하는 깨달음이다. 자연에서 섭리를 깨우치고 자연을 빌려 인생사를 드러내 보여주는 서정시의 일반적 문법을 박연옥의 시조는 충실히 따르고 있다. 그녀의 시조를 읽다 보면 시를 읽으면 조수초목鳥獸草木의 이름을 많이 알게 된다거나 시경 삼백 편을 한 마디로 말하면 생각함에 사특함이 없다고 한 공자의 전언이 자연스럽게 떠오른다. 박연옥의 시조가 어디에 빚지고 있는지를 짐작하기는 어렵지 않다. 박연옥의 시조가 그려 보여주는 자연의 풍경은 여백을 품은 풍경으로, 마치 동양화를 보는 듯 박연옥의 시조는 여백의 미를 발산한다.

고요가 깊이 갇힌 갓 맑은 첫새벽을

목마른 물 한 바가지 조용히 길어 와서

발등에 가만히 붓는 연둣빛 시간이여

혀 짧은 새 한 마리 발그란히 봄을 읽는

꽃 속에 바람 속에 네가 와서 앉는다

오늘은 매화 피는 날 번져가는 새 소식

-「동박새」

자연의 변화를 눈여겨보는 박연옥 시조의 시선에 가장 자주 포착되는 계절은 봄이다. 동백나무 인근에 많이 산다고 해서 동박새, 동박생이 등의 이름을 갖게 된 동박새는 그 외양부터 봄의 빛깔을 띠고 있다. 몸 윗면은 녹황색, 배 중앙부는 흰색 바탕에 희미한 노란색 기운이 돌아 봄을 느끼게 하는 이 새의 이미지를 박연옥의 시조는 갓 맑은 첫 새벽 물 한 바가지 길어와 발등에 가만히 붓는 연둣빛 시간으로 형상화한다. 고요는 깊고 첫새벽은 맑으며 물 한 바가지 긷는 움직임은 조용하고 발등에 가만히 붓는 움직임까지 고요함으로 가득 차 있다. 움직임조차 저 고요를, 첫 새벽의 맑은 기운을 깨뜨리지 못한다. 시나브로 오는 봄처럼 연둣빛 시간은 그렇게 조용히 오는 듯도 하다. 봄을 알리는 혀 짧은 새 한 마리도 꽃 속에 바람 속에 와서 앉으며 발그란히 봄을 읽는다. 박연옥의 시조는 봄을 읽는 소리를 발그랗다고 표현함으로써 청각적 감각을 시각적 감각으로 전환한다. 동박새의 울음소리는 동박새의 빛깔로 각인되어 봄을 알린다. 매화 피는 날 번져가는 새 소식은 사실은 봄소식인 셈이다. 3장으로 된 시조가 이어진 연시조의 구성을 하고 있는 이 작품에서 초장, 중장, 종장이 연달아 쓰이지 않고 여백을 두고 있는 점도 눈여겨볼 필요가 있다. 장과 장 사이에 여백을 둠으로써 각 장의 이미지에 일정한 시간이 머무르게 하고 정적인 분위기를 더욱 부각시킨다. 각각의 행은 여백으로 인해 독립성을 띠게 되는데 여백이 한 행의 이미지를 독립적으로 부각시키면서 누적되어 쌓인 이미지가 시 전체를 완결시켜 시나브로 봄이 오는 고요한 분위기를 동박새의 이미지로 완성한다.

고사리

손을 펴면

별빛이

쏟아진다

만지면

팽 돌아설 듯

톡 쏘는

너의 향기

봄밤도

노랗게 취해

달빛 강을

건너 가네

－「생강 꽃」

고시조의 형식을 염두에 둘 때 초장, 중장, 종장에 해당하는 부분을 한 행으로 늘어놓지 않고 각각 네 부분으로 나누어 행갈이를 함으로써 시조 형식의 파격을 시도하고 있는 작품이다. 언뜻 보면 현대시와 잘 구별이 가지 않지만 각 연이 3·4·3·4 3·5·3·4 3·5·4·4조로 구성되어 있는 것을 보면 시조 형식의 변형임을 어렵지 않게 짐작할 수 있다. 시조의 초장, 중장, 종장에 해당되는 각 연을 구성하는 네 개의 행에 여백을 두고 있는 점이 여기서도 눈에 띈다. 여백을 주지 않은 경우와 준 경우를 비교하면 이미지를 형성하고 특정한 분위기를 만들어내는 데 분명한 차이를 발생시킨다고 볼 수 있다.

3~5글자로 이루어진 호흡의 단위로 행을 나누어 여백을 두고 배치하면 한 행을 구성하고 있는 단어나 표현 자체에 시선이 집중되고 한 행에서 다음 행으로 가는 시간이 느리게 전개된다. '고사리 손을 펴면 별빛이 쏟아진다'가 하나의 행으로 구성된 경우와 '고사리 / 손을 펴면 / 별빛이 / 쏟아진다'가 네 개의 행으로 나뉜 경우는 호흡의 단위와 길이가 달라진다. 더구나 행과 행 사이마다 여백이 있으면 이미지 하나하나에 시선이 집중되고 읽는 속도가 느려져서 고사리 손을 편 데 별빛이 쏟아지는 것 같은 생강 꽃의 이미지가 좀 더 선연히 각인된다. 누적된 시간과 그와 함께 쌓인 이미지가 시 전체를 효과적으로 구성한 것이다. 중장에 해당되는 둘째 연에 오면 앞서 축적된 시각적 이미지는 후각적 이미지로 전환된다. 만지면 팽 돌아설 듯한 움직임과 톡 쏘는 향기가 어우러져 생강 꽃의 실제 이미지를 살아 있는 듯한 그리운 대상의 이미지로 구현해내기에 이른다. 마지막 연에서는 봄밤과 생강 꽃의 노란 빛깔과 달빛 강의 이미지가 한데 어우러지고 시각적 감각과 취기가 한데 어우러져 이 시에서 형성된 생강 꽃의 이미지를 공감각적으로 확산하게 된다. 별빛이 뿌려진 듯한 노란 빛깔과 톡 쏘는 향기와 취기 어린 봄밤의 정경이 그리움의 대상을 불러온다. 달빛이 어린 봄밤의 노란 취기에 절로 취하고 싶어지는 그리운 봄날

의 분위기를 생강 꽃의 이미지로 성공적으로 형상화해낸 것이다.

평행선이 흘러내린 분기점 한참 지나
이발관 낡은 간판 눈에 익은 이정표
허공엔 빛바랜 낮달 기우뚱 떠 있고

때로는 고요들도 핼쑥한 날이었다
아이들 떠나가고 마당엔 발자국만
저 앞산 뻐꾸기소리 긴 추억을 동여맨다

한때의 기다림도 한때의 그리움도
봄날의 이팝나무 거품 같은 꽃무더기
녹이 슨 이야기들이 시간 속에 누워있다

-「꿈꾸다」

봄날의 이팝나무 꽃 같은 이미지가 박연옥의 이번 시조집에는 가득한데, 그러한 자연물이 특히 빛나는 순간은 현실의 장면과 어우러져 상실감과 그리움이라는 특유의 분위기를 조성해 낼 때이다. 평행선이 흘러내린 분기점을 한참 지나 화자의 눈에 익은 이정표가 들어온다. 이발관의 낡은 간판은 시골 동네 어디서든 흔히 볼 수 있는 것이지만 어쩌면 그래서 보편적인 그리움을 자아내는 것인지도 모른다. "허공엔 빛바랜 낮달"이 기우뚱 서 있는 모습마저 어딘지 눈에 익다. 이발관 낡은 간판이 빛바랜 낮달마냥 기우뚱 서 있는 까닭은 2연에 가서 밝혀진다. 일종의 연시조의 형식을 띠고 있는 이 시의 2연에서는 이 마을이 이토록 핼쑥한 고요를 자아내는 까닭, 그 고즈넉함의 이유가 밝혀진다. 아이들 떠나가고 마당엔 발자국만 남아 있는 쓸쓸한 모습은 우리네 시골 어디서든 흔히 볼 수 있는 모습이다. 저 앞산의 뻐꾸기 소리마저 긴 추억을 동여맨다. 아이들이 떠나버린 마을은 이렇게 추억으로 남았다. 시간은 어김없이 흘러 봄이 오면 이팝나무는 "거품 같은 꽃무더기"를 토해놓곤 하지만 돌아온 봄이 불러오는 것은 한때의 기다림이나 한때의 그리움일 뿐이다. "녹이 슨 이야기들이 시간 속에 누워" 있는 장면은 이팝나무꽃이 가득 핀 이미지와 시각적으로나 정서적으로 상반되어 화자의 상실감을 더욱 부각시킨다.

3.

이번 시조집에서 가장 눈에 띄는 작품들은 '지나간 세계'에 대한 그리움과 남겨진 세계에서 화자가 느끼는 상실감이 그려진 시조들이다. 지금은 사라지고 없는 지나간 세계에 대한 기억을 펼쳐 놓는 박연옥의 시조는 화자가 느끼는 상실감과 그리움의 감정을 섬세하게 그려낸다. 에밀 슈타이거가 서정시의 원리로 주목한 회감이 이번 시조집 곳곳에서 펼쳐진다. 박연옥 시조의 관심은 '지금, 여기'를 향하기보다는 우리가 놓친 이미 지나간 세계를 향하고 있다. 황량하고 쓸쓸한 풍경 뒤에 솟아오르는 것은 상실감이다.

페인트칠 벗겨진 간판 걸린 이발소

삯바느질 푼돈 받아 장만한 함석집

아직도 뉴스 속에는 자막처럼 살아있다

하나둘 아이들은 도회지로 떠나가고

사진 속 빙그레 웃던 시간마저 희미하다

돋보기 건너편으로 다가오는 낯선 여자

-「다홍빛 서정」

박연옥의 시조는 낡고 오래된 것들에게 눈길을 준다. 아이들, 젊은이들이 도회지로 떠나가 버린 고향에는 이제 "페인트칠 벗겨진 간판"이 걸린 이발소, "삯바느질 푼돈 받아 장만한 함석집" 정도가 남아 있다. "아직도 뉴스 속에는 자막처럼 살아" 있지만 이미 지나간 시간에 속해 버린 세계가 거기 있다. 아이들이 머물지 않는 곳이라는 점에서 이곳은 사실상 시간이 멈춘 곳이나 다름없다. 이제 사진 속 빙그레 웃던 시간마저 희미해졌고 희미해진 시간처럼 그곳에 머무는 존재들과 그곳을 지키는 이발소와 함석집 같은 곳도 희미해지고 말았다. "돋보기 건너편으로 다가오는 낯선 여자"는 과거의 자신이거나 시간이 멈춰 버린 그곳을 여전히 지키고 있는 여자일 것이다. 박연옥의 시조는 이 낡고 오래된 풍경에 "다홍빛 서정"이라는 이름을 붙였다. 과거를 기억하게 하는 오래전 풍경이지만 아마도 시인에게는 다홍빛 따스한 기억으로 남아 있어서 여전히 서정을 자극하는 풍경일지도 모르겠다.

시조 두 수를 붙여 놓은 것 같은 형식을 띠고 있는 이 작품에서도 행과 행 사이는 한 줄씩 띄어져 있다. 1행 1연으로 된 6연의 현대시와 이 시의 차이를 찾기란 쉽지 않다. 사실상 이 작품을 현대시조라 부를 만한 표지는 각 행이 4음보로 이루어진 점과 "아직도"와 "돋보기"가 3글자라는 글자 수를 지키고 있는 점 정도라고 해도 과언이 아니다. 이 작품에서도 행간의 여백은 각 행의 이미지에 독립성을 부여하는 역할을 한다. 각 행의 이미지가 독립적으로 완성되어 있으면서도 차곡차곡 누적되어 낡고 쓸쓸한 다홍빛 서정의 분위기를 자아내고 있다.

> 흰 새떼 날아와 가지가 휘는 하늘
>
> 떠난 이들 남기고 간 백지위의 소식처럼
>
> 가지에 매달린 저것 눈처럼 소담해라
>
>
> 철거작업 시작하자 봄날이 몸져눕다
>
> 주름진 손자국이 시멘트벽에 선명한데
>
> 검게 탄 기억은 벌써, 길 위에 나뒹굴고
>
>
> 뿌옇게 부서지던 가냘픈 목숨들이
>
> 날개를 접고 앉은 마지막 눈물 같은
>
> 멧새들 떠나간 마을 목련이 피고 있다

-「목련 날다- 철거지역」

3수의 시조가 이어진 연시조의 형식을 띠고 있는 작품이다. 이 작품에서도 박연옥은 떠난 이들에 관심을 기울인다. 철거작업이 시작되면서 마을에 살던 이들은 하나둘 살던 곳을 버리고 떠날 수밖에 없었을 것이다. 마치 텃새인 멧새들처럼 이들 또한 철거가 이루어지지 않았다면 마을을 등지고 떠날 일이 없었겠지만 철거작업은 시작되었고 마을 사람들은 고향을 떠나야 했다. 박연옥의 시조는 철거된 마을을 떠난 이들을 떠나간 멧새들과 목련꽃에 비유한다. 멧새는 대부부 텃새라는 점에서 정착해 사는 텃새가 떠나게 된 사연과 마을을 떠날 수밖에 없었던 마을 사람들의 사연이 자연스럽게 겹쳐진다. 목련꽃은 봄에 피는 꽃 중에서도 눈부신 흰빛을 드러내며 가장 화사하고 아름답게 피었다가 누렇고 까맣게 변색해 떨어지며 가장 처참하게 지는 꽃이다. 목련꽃의 이미지는 눈부신 생명의 절정과 죽음을 동시에 품고 있다. 처참하게 져 버린 목련꽃잎처럼 사람들이 떠나고 철거된 마을에는 검게 탄 기억만이 길 위에 나뒹굴고 있다. 사람들이 떠난 뒤에도 목련꽃은 "떠난 이들 남기고 간 백지 위의 소식처럼" 가지에 매달려 눈처럼 소담한 빛깔을 뿜어내다가 검게 탄 기억이 되어 길 위에 나뒹굴며 버려진 마을을 홀로 조상하고 있다. 마을이 사라진 후에도 목련꽃은 봄이 오면 다시 어김없이 필 것이고 "뿌옇게 부서지던 가냘픈 목숨들"을 홀로 기억할 것이다.

요양원 2층 병실 복도 한 켠 바닥에

손에 잡은 곰 인형 어린아이 떼쓰듯

모두가 낯설은 얼굴 불안감이 싸여있다

자꾸만 잊어지는 먼 기억 조각조각

샅샅이 훑고 가는 삶의 안쪽 바닥까지

유폐된 공간마저도 바람으로 날아간다

되뇌고 돌아오면 걸리는 그림자가

체념한 듯 외면하고 어둠처럼 멀어질 때

달빛에 나뭇잎 지듯 삭아가는 시간들

-「달빛병동」

빠르고 무섭게 변해가는 세상의 속도와 거리를 두면서 사라져 가고 잊혀 가는 것을 기억하는 몫을 박연옥의 시조는 기꺼이 감당하고자 한다. 박연옥의 이번 시조집에 버려지거나 잊힌 곳, 병들거나 늙어 잊혀가는 이들이 종종 그려지는 것도 이 때문일 것이다. 요양원 치매병동에는 망각의 시간이 흐르고 있다. 거꾸로 나이를 먹듯 자꾸만 지워지는 먼 기억의 조각들이 삶의 안쪽 바닥까지 샅샅이 훑고 지나가고 나면 상실감과 공허감만이 남을 것이다. 치매병동에 남겨진 채 기억의 조각을 잃어가는 이들은 낯선 얼굴들에 둘러싸여 불안감에 사로잡힐 것이고, 면회 온 가족들은 행여나 자신을 알아보지 못할까 노심초사하며 불안감에 떨 것이다. 기억을 잃은 쓸쓸한 생으로 인해 유폐된 병동에 체념만을 남긴 채 멀어져 갈 때, 달빛에 나뭇잎이 지듯 시간도 삭아갈 것이다. 기억을 남기는 것조차 허락하지 않는 쓸쓸한 생 앞에서 박연옥의 시조는 "삭아가는 시간들"을 기록하는 역할을 기꺼이 떠맡는다.

요양원을 소재로 한 또 한 편의 시조 「요양원에서」에서도 인생이라는 길을 가속으로 달려오다가 "속도감을 잃은 채 공터에 버려"져 요양원에 이른 이들을 "무중력 타이어끼리 마주보는 얼굴들"로 형상화하고 있다. 생의 끝자락에 이르러 마주하게 된 공허감과 상실감을 박연옥의 시조는 가만히 응시한다. "노을에 기대이고 휠체어에 앉은 채 / 가만히 눈동자를 저렇듯 내려놓자 / 생이란 큰 자국 하나 조용히 지워지는" 모습을 보며 내려놓는 법을 터득한다. 생이란 큰 자국을 남기는 일 못지않게 잘 지워지는 일도 어쩌면 중요한 일임을 박연옥의 시조는 넌지시 일러준다.

고요가 팽팽한 오후의 두세 시쯤

황톳길 고개 넘어 시냇가 언덕으로

하얗게 달려온 봄이

여기서 꽃이 되네

찔레꽃 피는 날엔 목마른 뻐꾹 울음

어머니! 부르면 찔레꽃 파란 냄새

열세 살 아득한 봄날

낮달 따라 걷던 길

-「찔레꽃 어머니」

빠르게 변해가는 세상에서 존재 가치를 잃어가거나 잊히는 대상에 관심을 기울여 온 박연옥의 시조는 비슷한 의미에서 어머니의 지나간 삶에 주목하고 어머니에 대한 그리움을 종종 드러낸다. 겨울이 가면 어김없이 오는 봄은 어머니에 대한 그리움을 더욱 사무치게 할 것이다. 찔레꽃이 알려주는 봄소식을 화자는 "황톳길 고개 넘어 시냇가 언덕으로 / 하얗게 달려온 봄이 / 여기서 꽃이" 된다고 말한다. 찔레꽃 피는 날이면 어머니 생각이 더욱 간절해져 "목마른 뻐꾹울음"처럼 "어머니!" 부르곤 했을 화자의 모습이 찔레꽃 파란 냄새를 동반하며 눈으로, 소리로, 냄새로 어머니를 불러온다. 시각, 청각, 후각이 종합적으로 어우러진 그리움은 마침내 "열세 살 아득한 봄날" "낮달 따라" 어머니와 "걷던 길"을 떠올리게 한다. 일찍이 에밀 슈타이거가 말한 회감의 원리가 잘 구현된 시조가 아닐 수 없다. 만월이 다시금 솟을 때 갑자기 지나간 일이 느껴지듯, 찔레꽃이 피는 순간이 열세 살 아득한 봄날의 기억을 불러온 것이다. 연시조의 종장에 해당하는 부분을 행을 나누어 배치함으로써 찔레꽃이 피고 열세 살 아득한 봄날의 기억이 떠오르는 장면이 한층 더 부각된다.

4.

박연옥의 시조가 지나간 세계에 대해 남다른 애착을 가지고 있다고 하더라도 오늘의 속도를 살아가며 지나간 시간, 버려지고 잊힌 대상을 그리는 일이 쉬울 리는 없다. 상실감과 쓸쓸함, 공허감에 마음을 빼앗기다 보면 그녀의 시조도 쓸쓸하고 텅 빈 마음에 사로잡힐지도 모른다. 홀로 깨어 있는 독성의 시간이 박연옥의 시조에 종종 등장하는 까닭은 그립고 안타까운 지나간 세계를 기억하면서도 거기에 한없이 이끌려 자신을 놓아버리지 않기 위한 고투의 흔적일지도 모르겠다. 자기를 가만히 응시하고 자신의 마음을 다스리는 법을 깨우치고 나면 대상과의 거리를 유지하는 일도 가능해질 것이다.

혼자 걷는

돌길도

장삼처럼

푸른 새벽

골짜기 돌고 나온

이슬 묻은 독경소리

암자는

벙그는 연꽃

운무 속에

떠 있다

-「새벽 독경」

초장, 중장, 종장의 일반적인 형식을 허물고 초장은 4행, 중장은 2행, 종장은 다시 4행으로 나누어 배치하고 각각의 행 사이에 여백을 둔 형식은 언뜻 보면 현대시처럼 보이기도 한다. 홀로 깨어 있는 고요한 새벽에 울려 퍼지는 새벽 독경의 고고한 울림을 전하기에 적합한 형식이라고 할 수 있다. 푸른 새벽에 혼자 걷는 돌길처럼 외롭고 고요한 시간이 3~4글자의 짧은 시행과 여백을 통해 전해져 온다. 초장과 종장에 해당하는 부분이 시각적 감각으로 새벽이라는 시간을 형상화하고 있다면 중장에 해당되는 부분은 두 개의 행으로 구성함으로써 초장과 종장보다 속도감을 부여해 "골짜기 돌고 나온 / 이슬 묻은 독경소리"를 효과적으로 전달하고 있다. 시각적 이미지 사이를 돌고 나와 울려퍼지는 독경소리는 고요를 흔드는 다른 리듬감을 가지고 있을 것이다. 새벽 독경소리를 듣는 화자 역시 홀로 깨어 있으면서 자연을 응시하고 자신의 마음의 소리를 듣는다.

부수고 다시 짓고 그렇게 살아가는

먹지도 굶지도 않는 숲속의 현자賢者 한 분

"계세요" 하고 부르면 대답하고 나올 듯

기나긴 실크로드 이슬 담뿍 내린 곳

포물선 은빛 그물 아침 이슬 찰랑찰랑

높다란 하늘을 이고 배광背光 같은 무량수전

-「위대한 집- 무당거미」

무당거미가 집을 짓는 모습은 가히 감동적이라 할 만하다. 집을 소유하려고 애쓰는 사람들과 달리 공들여 지은 집을 부수고 다시 짓고 하며 살아가는 무당거미를 보며 화자는 "숲속의 현자"라 일컫는다. 무당거미에게서 현자를 발견하는 화자의 시선 또한 예사롭지 않다. 홀로 깨어 있는 독성의 시간을 경험하지 않았다면 숲속의 현자 한 분을 발견하지 못했을 수도 있다. 그런 점에서 숲속의 현자는 사실상 박연옥이 가 닿고자 하는 경지라고 볼 수 있다. 무당거미가 부수고 다시 짓고 하며 그렇게 살아가는 "위대한 집"이야

말로 숲속의 현자이길 꿈꾸는 박연옥이 쓰고 싶어하는 시조가 아닐까? 무당거미가 지은 집을 기나긴 실크로드, 은빛 그물, 아침 이슬, 높다란 하늘 같은 고요하고 깨끗하고 빛나고 높은 이미지로 표현한 까닭도 박연옥이 도달하고자 하는 이상적 상태를 무당거미의 위대한 집이 구현하고 있기 때문일 것이다. 앞으로 박연옥의 시조가 짓고 허물고 다시 짓게 될 위대한 집이 궁금해진다.

은빛 화답

지은이 · 박연옥
펴낸이 · 유재영
펴낸곳 · 동학사

1판 1쇄 · 2016년 10월 26일
출판등록 · 1987년 11월 27일 제10-149

주소 · 04083 서울 마포구 토정로53 (합정동)
전화 · 324-6130, 324-6131 | 팩스 · 324-6135
E-메일 | dhsbook@hanmail.net
홈페이지 | www.donghaksa.co.kr
www.green-home.co.kr

ISBN 978-89-7190-577-7 03810

※ 한국출판문화산업진흥원 2016년
우수출판콘텐츠 제작 지원 사업 선정작입니다.